Hmmm!
Teenage Girls in Paris
Teenage GIRLS in Paris
Clic-Clac!!
J'adore!
Teenage Girls in Paris
10
édition Paumes
S TEENAGE GIRLS TEENA

Teenage Girls in Paris

Introduction

『ようこそパリの子ども部屋』『パリの子供部屋』という
ジュウ・ドゥ・ポゥムの本を、知っていますか？
パリで活躍するアーティストのお父さんやお母さん
その子どもたちのお部屋を訪ねた、インテリアブックです。
あのときに会った子どもたちは、いまどうしているのかな。
ちょっぴりなつかしい気持ちで、サヴァ？と声をかけてみると
みんな、すっかり大きくなって、かわいくなって
チャーミングなティーンガールになっていました。

ファッションやメイク、お気に入りの音楽やインテリア
それから、勉強にスクールライフ、将来の夢など
女の子たちの毎日には、気になることがたくさん。
10代のパリジェンヌたちのお部屋を訪ねて、
いま興味のあることをおしゃべりして、聞いてきました。

おしゃれガールに、ハンドメイド好きの女の子
アーティストのたまごや、勉強にがんばる受験生……
どこかあなたに似ている子が、この中にいるかも。
インテリアやファッション、それぞれの女の子の世界から
あなただけの楽しいアイデアがひらめきますように。

ジュウ・ドゥ・ポゥム

Le sac
en papier merci
Ce sac est fabriqué
à partir de papier recyclé.
100 % naturel.
Double épaisseur 180g/m² :
kraft blanc doublé
de kraft brun.
Contenance : 33 litres
100% Ecographik™
Ne le jetez pas.
Il peut servir plusieurs fois.

Lois

Contents

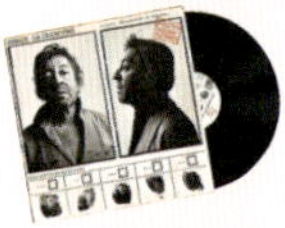

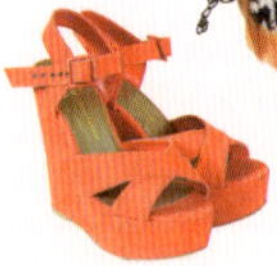

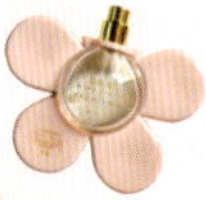

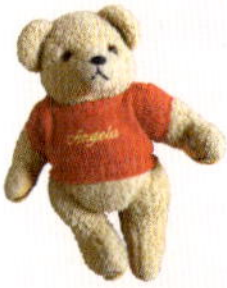

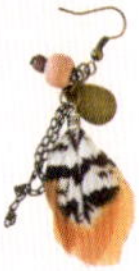

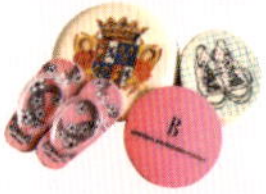

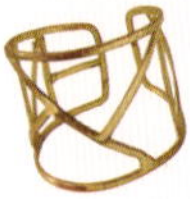

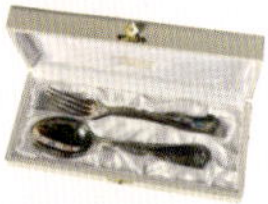

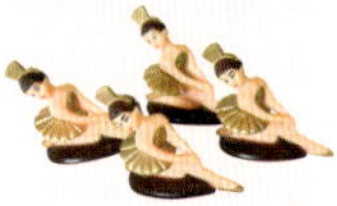

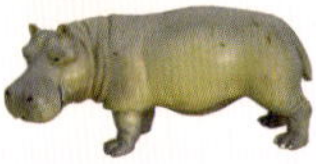

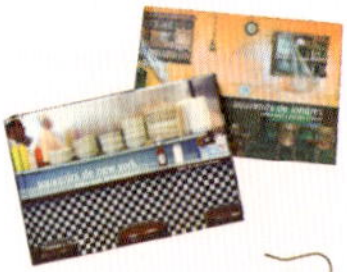

les années collège et lycée

教えて! フランスの学校について

フランスの義務教育は、基本的に6歳から16歳までの10年間です。
École Élémentaire エコール・エレモンテールは、5・6歳から10・11歳までの5年間。この初等教育のころから、成績によって留年や飛び級の制度があるので、同い年でも学年が違うことがあります。

その次に、日本の小学校6年生から中学校の4年間にあたる**Collège** コレージュに進みます。学年は6年生からはじまり5、4、3年生と、数字が小さくなっていきます。

そして女子高生をあらわす「リセエンヌ」ということばでおなじみ、**Lycée** リセは日本でいう高校の3年間。2年生、1年生、そして最終学年へと進みます。進学を目指す人は、バカロレアと呼ばれる大学入学資格試験に向けて猛勉強! 大学別の入学試験はないので、バカロレアを取得したら、自分の行きたい学校の学部に入学願書を提出することができます。

大学には、**Université** ユニヴェルシテと**Grandes Écoles** グランゼコールがあります。厳しい選考があるグランゼコールは、より高度で専門的な教育が受けられる学校で、卒業生たちは各分野においてエリートとしての活躍が期待されます。

Céleste

セレースト

15歳 / リセ２年生

セレーストは、お裁縫やアクセサリー作りなどハンドメイド好きのリセエンヌ。精神科医のお父さんとスタイリストのお母さん、そしてお姉さんふたりと一緒に、パリをぐるりと囲む環状高速道路近くに暮らしています。都心部から離れているので、近所にかわいいブティックがないのは残念だけれど、メトロに乗れば、あっというまにパリ中心部。土曜日の午後は、友だちと一緒にバスティーユやリボリ通りでショッピングしたり、ポンピドーやパレ・ド・トーキョーへ展覧会を見に行ったりします。将来アートやデザインの世界で活躍したいというセレースト。美術の特別カリキュラムがあるコレージュとリセの一貫教育校に通って、アートの勉強に力を入れています。自分のお部屋の壁の色や家具を選ぶなど、インテリアを工夫するのも大好き。壁面のコラージュは、毎月ちょっとずつ手を入れているお気に入りのコーナー。思い出の品やコレクションたち、それぞれが素敵に見えるように、全体のバランスを考えるのが楽しみです。

CHANEL
WELCOME to DELHI
DRINK
Topsy
Chocolate Honey
Dairy Drink
HOT or COLD
Usbek & Rica
NO FUTURE
ART LISTENS TO THE HEAD, STUPID LISTENS TO THE HEART
Dior
BLONDE
VANS
"OFF THE WALL"

MA JOURNÉE セレーストの1日

7:00am / 目覚めたら10分で朝ごはんを食べて、30分はおしゃれに時間を使います。カラーデニムや靴など、足下からコーディネートすることが多いかな。7:40 am / 学校へ行ってきます。11区レピュブリックにある学校までは40分くらい。駅や電車の中で友だちと合流して、おしゃべりしながら向かうの。8:30am / 授業がはじまります。もともと読書が好きだからフランス語と、スペイン語や英語など語学が好き。週に2時間、美術の特別授業も受けています。4:00～5:00pm / 学校が終わる時間。さぁ、家に帰って宿題しなくちゃ！ 勉強が早く終われば、友だちに会いに行ったりします。水曜の夜は、パパとお姉ちゃんと一緒に、ピラティスに通ってるよ。10:00pm / おやすみなさい！ 眠るまでは、読書か編み物をすることが多いかな。

消しゴム・コレクションを並べている小さく仕切られた箱は、もともと印刷屋さんが使っていたもの。その隣のランプシェードは、サングラスの置き場がなくて困っていたときに、かけてみたらぴったりだったので、くちびる型ステッカーを貼って、顔のようにデコレーションしました。

MA CHAMBRE

左上：ネックレスを見せる収納は、お母さんからアイデアをもらったもの。右上：お母さんの友だちアンヌのブランド「ラ・スリーズ・シュール・ル・ガトー」のペーパーランプシェード。右中：リセの美術の授業で、立方体のそれぞれの面に自分の個性を表現するというテーマで作ったコラージュ・キューブ。左下：ベッドの上に、家族や友だちから贈られたぬいぐるみを飾って。右下：壁紙とカラーテープで、書類ケースをカスタマイズ。

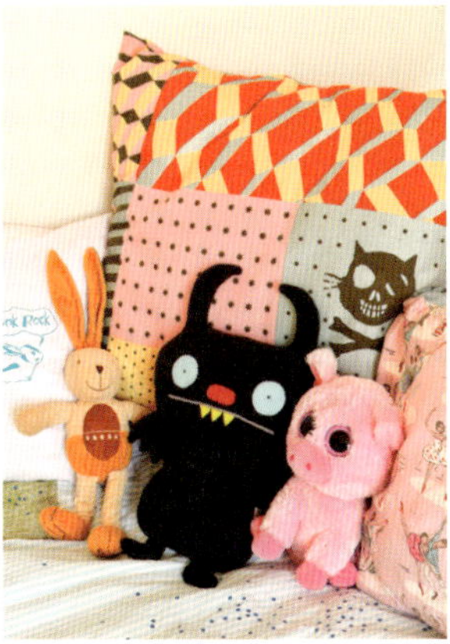

MON STYLE

紙もの雑貨が大好きで、小さなころから気に入ったデザインは取っておいたの。そのコレクションを壁にディスプレイしてるんだ。家族みんなで旅した、アメリカや日本からのおみやげもここ。まん中には吹き出し型に蛍光ピンクのテープでふちどりをして、雑誌の切り抜きをコラージュしてます。

MON PETIT BAZAR
セレーストのお気に入り

Hop!!

lapin

2年前にうちに来た、うさぎのクルトン。ブラックカラーのブレーズもいるよ。ずっと動物が飼いたかったんだけれど、アレルギーがあるから、家の中ではダメで。友だちが赤ちゃんうさぎの引き取り手を探していたから、うさぎならお庭で飼えるからって、両親にお願いしました。

parfum

新学期がはじまるときに、自分のおこづかいで買った香水。キッズ用じゃないんだよ。香りもいいし、ボトルのデザインもお気に入り。

Hmmm!

vernis

シルバーラメ入りのネイルカラーが、いちばんのお気に入り。ほかの色を重ね塗りもできるしね。

carnet

この手帳は学校用なんだけど、友だちとの写真を貼ったりして楽しんでるの。表紙のコラージュも自分でやったのよ。

petite surprise

毎月ギフト・ボックスが届く「マイ・リトル・パリ」に登録しています。なにが入っているか、いつも違うから楽しみにしてるの！

Ma collection

gomme

8歳のときから、コレクションしていた消しゴム。デスク前の飾り棚が、もういっぱいになっちゃった。

bottes

「ミネトンカ」のフリンジブーツは、家族でアメリカに行ったときに買ったの。どんな洋服にもあうから、いちばんよく履いているよ。

porte-monnaie

ニューヨークから持ち帰った牛乳パックで、コインパースを手づくりしたの。

Anna

アンナ
16歳／リセ2年生

「音楽は人生の一部」というアンナ。妹のルースとお兄さんのエミールに、おすすめを聞いたりして、新しい音楽との出会いを楽しんでいます。アンナが家族と暮らすのは、パリの東のはずれにあるモントルイユ。古着やヴィンテージ、日用品まで集まる、大きなのみの市で有名な町です。家を改装するときに、姉妹のお部屋は隣どうしになったので、ふたりで一緒に色使いを決めました。壁面はマットな黒にして、ドアや窓枠にピンクやグリーン、オレンジがかった赤を選んでアクセントに。お父さんが木材を選ぶときに並べた、木のナチュラルな質感が美しかったので、そのままデスク前の壁に取り入れることになりました。クールな空間にぬくもりを添える、アンナもお気に入りのコーナーです。週末は、3歳のころから続けている乗馬のため、ヴァンセンヌの森へ行きます。馬は「最高の自由」を味わわせてくれるというアンナ。ヴァカンスを過ごす田舎の家へ行くと、馬に乗ってどこまでも走っていくのだそう。

nutella
Pringles
THE ROLLING STONES
Français

MA JOURNÉE アンナの1日

6:45am／1日のはじまり。お腹がすいていないことが多くて、朝ごはんはあんまり食べないの。ペンシルとアイライナーを使って、ちょっとだけアイメイクしたら、お気に入りの香水で準備OK。7:00am／学校へ行ってきます。リセでは英語のほかに、ドイツ語を勉強しています。エコール・エレモンテールのころから、数学が得意！でも最近は、内容が難しくなりました。5:00pm／放課後は友だちとおしゃべりしたり、宿題を助けあったり。6:00pm／ただいま！お部屋に戻ったら、宿題に集中。そのあとは夕ごはんの時間まで、友だちに電話したり、ルースとおしゃべりしたり。8:30pm／おやすみなさい。ベッドに入る前に、明日の持ち物や洋服を準備しておきます。10代向けの新聞「L'Actu」や本を読みながら、リラックス。

左上：モノクロ写真の女の子は、オランダ出身のお母さんが、子どものころから親しんでいた『長くつ下のピッピ』。左下：「プリングルス」のパッケージは、デザインがお気に入り。右：窓辺の飾り棚を、ドライフラワーやネイルカラーの置き場所に。

MA CHAMBRE

左上：さまざまな種類のサルのポートレートを集めた写真集は、お父さんからのクリスマスプレゼント。左中：「プチパン」の赤い収納ボックスと水色の写真アルバム。灯りがつかなくなった睡蓮型ランプもディスプレイ。右上：アクセサリーやスカーフは、このドレッサー・コーナーに。左下：コイン型のリコリス味キャンディーはお母さんのオランダみやげ。右下：お母さんから譲り受けたり、アメリカから持ち帰ったりしたブレスレットを重ね付け。

MON STYLE

ファッションは、学校のある日と週末はちょっと違うよ。平日は、ニットやTシャツとレギンスみたいなシンプルなスタイルで、黒を使ったコーディネートが多いです。靴は履き心地がよくて形もきれいな「ドクター・マーチン」か、もっとカジュアルに「ナイキ」のスニーカーで。週末にはヒールのある靴にしたり、色を加えたりして、ちょっと雰囲気を変えることを楽しんでいます。ベッドに置いた数字のバルーンは、16歳のバースデーに、お父さんが買ってくれたもの！

MON PETIT BAZAR
アンナのお気に入り

livre

モリエールの戯曲『ドン・ジュアン』。シカ柄のシーツは「バイ・ノルド・コペンハーゲン」のもので、お母さんがネット通販で買ってくれたんだ。

les couverts en argent

おばあちゃんからの素敵なプレゼント。毎年、誕生日になるとワンペアずつ贈ってくれるの。

Ça sent bon!

parfum

「ランコム」の「トレゾァ・ミッドナイトローズ」は、ちょっとロマンチックでモダンなところがお気に入り。「トレゾァ・イン・ラヴ」も愛用しています。

Clic-Clac!!

photo album

まるで本物のポラロイドカメラみたいな写真アルバム。背表紙にもカメラの印刷がしてあるんだよ。

livre

ヘーゼルナッツ入りチョコレート・ペーストの「ヌテラ」のボトルの形をしたレシピブック。見た目もかわいいでしょ？

photo d'identité

お父さんと一緒に撮影した証明写真。おもしろかった！

bottes

スキニーデニムにあわせるブーツ。「サンチャゴ」って呼ばれる形で、ヒールもそんなに高くないから、学校にも履いていく、超お気に入りよ！

doudou

白いうさぎのぬいぐるみは、小さなときから一緒なの。

Mon rêve!

Audrey Hepburn

映画「パリの恋人」は、オードリーがいちばんきれいなときだと思うの。ストーリーがおもしろいし、ファッションも素敵！

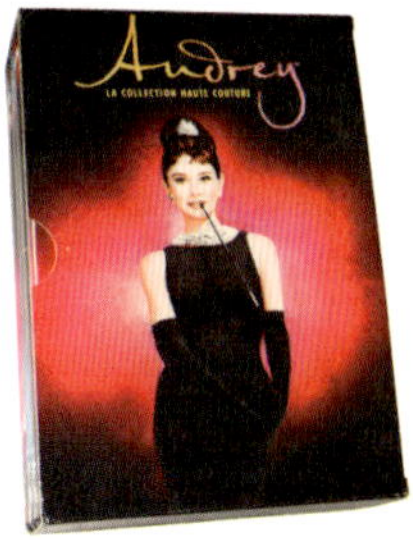

Paloma

パロマ

16歳 / リセ最終学年

あざやかな赤に囲まれたお部屋は、パロマの好きなものが詰まった世界。デコレーションするのが楽しくて、ほとんどひとりで部屋づくりをしました。ソファーやテーブルなどの家具に壁の色も、大好きな赤をセレクト。最近手に入れたカメラで撮影した写真は、大きくプリントして、デスクのそばにピンナップしたり……テーマカラーの赤に似合うものを少しずつコーディネートしていきました。パロマが暮らすのは、パリ東部のペール＝ラシェーズ墓地の近く。このあたりは緑が多くて、パリのファミリーの住まいとして人気のエリアです。中国語を学んでみたかったので、マレ地区にあるリセを選んだパロマ。専攻している経済と英語は、これからの進学にも大切な科目なので、がんばって勉強しています。学校では友だちと一緒にいられる時間がなにより楽しくて、いつも笑っているそう。授業のあとも、学校近くのバスティーユ広場で集まって、みんなででかけたり、そのままパーティに参加したりします。

NYLON
BBBRUNES
TOUR 2007-2008

MA JOURNÉE パロマの1日

6:30～7:30am / 1日のはじまり。リセでは短い丈のスカートやワンピースは禁止なので、いつもパンツ・スタイル。お化粧大好きだけれど、普段はアイメイクとネイルだけ。7:30～8:30am / バスかメトロに乗って、学校へ。8:00～9:00am / 授業がはじまります。ランチは学校の食堂で食べることは少ないかな。カフェに行ったり、サンドウィッチを持ってヴォージュ広場に行ったり。3:00～4:00pm / 学校が終わったら、友だちとカフェに行っておしゃべり。よく行くカフェが2軒あって、ギャルソンとも顔なじみだよ。5:00～6:00pm / ただいま！ 先生によって量は違うけれど、毎日宿題が出るので、まずは勉強です。8:00pm / 家族4人が揃う夕ごはんは、みんなが集まる大事な時間。9:30pm / おやすみなさい。眠る前は読書したり、インターネットをしたりね。

左：ロフトにあるベッドコーナーに続く階段を、小さなころに集めていた、くまのぬいぐるみでデコレーション。右上：メキシコに行ったときのおみやげの帽子。右下：毎朝使っている、お気に入りのメイク用品たち。

MA CHAMBRE

左上：友だちからのメッセージがいっぱい書いてある紙は、いつもデスクの上に。右上：窓ガラスに書いたことば「プリンセスは決して死にません、ただ王国を離れるだけなのです」。左中：デスクランプに、友だちがプレゼントしてくれたマグネットをデコレーション。左下：ファッションが大好きなパロマのために、お母さんが買ってきてくれたイヴ・サン＝ローランのぬりえ。右下：家族から引き継いだ、古いチェスト。くじゃくの彫刻は、おじいちゃんの友だちの作品。

MON STYLE

デスク前の壁には、ポスターや自分で撮影した写真、イラストとかを貼ってるの。どれもお気に入りだから、ずっとこのまま飾ってあるものばかり！赤いソファーは、もともと両親が結婚したときに、お祝いでもらったんだって。読書したり、音楽を聞いたり、映画を見たり、私のお部屋でいちばん好きな場所よ！

MON PETIT BAZAR
パロマのお気に入り

Trop bien!

parfum

「ディーゼル」の「ラヴァードース」は、お気に入りの香りで、毎日愛用しているよ。

disque

音楽大好き！ セルジュ・ゲンスブールとローリングストーンズはお気に入りのミュージシャン。曲を聞くときはiPodが多いから、レコードはそんなに持っていないんだけどね。

appareil photo

「ペンタックス」のカメラも、大好きな赤を選びました。写真は素敵なアートだし、時間を留めてくれるので好き。

Cou Cou!

livre

エマニュエル・カレールの本。この物語は、死と消滅についてつづったもので、とても感動的！

tortue

旅先で出会った、カメのおまもり。色が好きで、おみやげにしました。

doudou

小さいときに、いとこがくれたぬいぐるみ。名前はジェジェっていうの。

sandale compensee

「アンドレ」という靴屋さんで見つけたウェッジソールのサンダル。ヒールがちょっと高いんだけれど、履き心地もいいし、なんにでもあうからコーディネートしやすいよ。

Ma collection

boule de neige

ヴァカンスとかで旅に行くと、かならずスノードームをおみやげに。お父さんやおじいちゃんも買ってきてくれるから、たくさん集まりました。

Suzanne

スザンヌ

13歳 / コレージュ4年生

パリ17区にある、とてもきれいなアパルトマンに暮らすスザンヌ。さまざまな植物を育てているテラスが付いていて、お天気のいい日は戸外に出て家族でランチをするのが楽しみです。週末は、友だちと近所をぶらぶらするのが好き。ブティックで洋服やアクセサリーを見たり、おいしいカップケーキ屋さんに寄り道したりして、楽しみます。スザンヌのお部屋は、女の子と大人の女性のあいだというイメージで、自分でデコレーションした空間。壁面に飾られているのは、ティーン向けのシックな洋服ブランド「スール」のポスターやカード。その中には、スザンヌがモデルをつとめている写真も。「スール」は、彼女のおばさんが立ち上げたブランドで、リラックスしつつも、女の子らしいスタイルが好きというスザンヌのこころをくすぐるアイテムをたくさん発表しています。この日に着ていた、レオパード柄のシャツも「スール」のもの。デザイナーのおばさんがいてラッキーだったという、おしゃれ好きの女の子です。

soeur
soeur
www.soeur-online.fr
SOEUR
Paris

MA JOURNÉE スザンヌの1日

7:00am / おはよう。学校はメイク禁止なので、お化粧はしないよ。洋服はシックで着心地のいいものを選ぶようにしています。8:10am / 学校へいってきます。近くの公立のコレージュに通っているので、学校までは歩いて15分くらい。8:30am / 学校に到着。3:30～5:00pm / ただいま。おうちに帰ったら、まずはおやつタイム、そしてリビングの大きなテーブルで宿題します。そのほうが気持ちがいいからね。朝はバタバタと出かけちゃうから、散らかったお部屋を大好きな曲を聞きながら、片づけもします。そのあとは、わたしの時間！ インスタグラムにツイッター、スナップチャット、フェイスブックで友だちとやりとりするの。10:00pm / シャワーをして、クリームでお手入れしたら、おやすみなさい。

左上：エジプトに暮らしていたときの友だちからの寄せ書きには、思い出がいっぱい。左下：小さなころから大切にしている、くまのぬいぐるみと、コレージュ6年生のときに開かれたパーティでもらった写真入りのクッション。右：「スール」のフォトカードをデコレーション。

MA CHAMBRE

左上：お気に入りの本は、ルイ14世時代の４人の女の子たちが主人公の冒険物語「太陽王の鳩たち」シリーズ。右上：7歳になったときのバースデーケーキのデコレーションだった、バレリーナ人形。左中：「ザディグ・エ・ヴォルテール」でお買い物したときにもらった、オレンジのショッピングバッグ。左下：「イケア」で見つけた、カラフルなクッション。右下：ベッドのそばには、「ハビタ」の桜の枝をモチーフにしたランプを飾って。

MON STYLE

トルソーが着ている「スール」のライダースジャケットは、ガーリーなプリントのキルティング素材がかわいいよね。おばさんがインドから持ち帰ってくれたネックレスと、「ドクター・マーチン」「アグ」「ミネッリ」のブーツを一緒にディスプレイしたの。

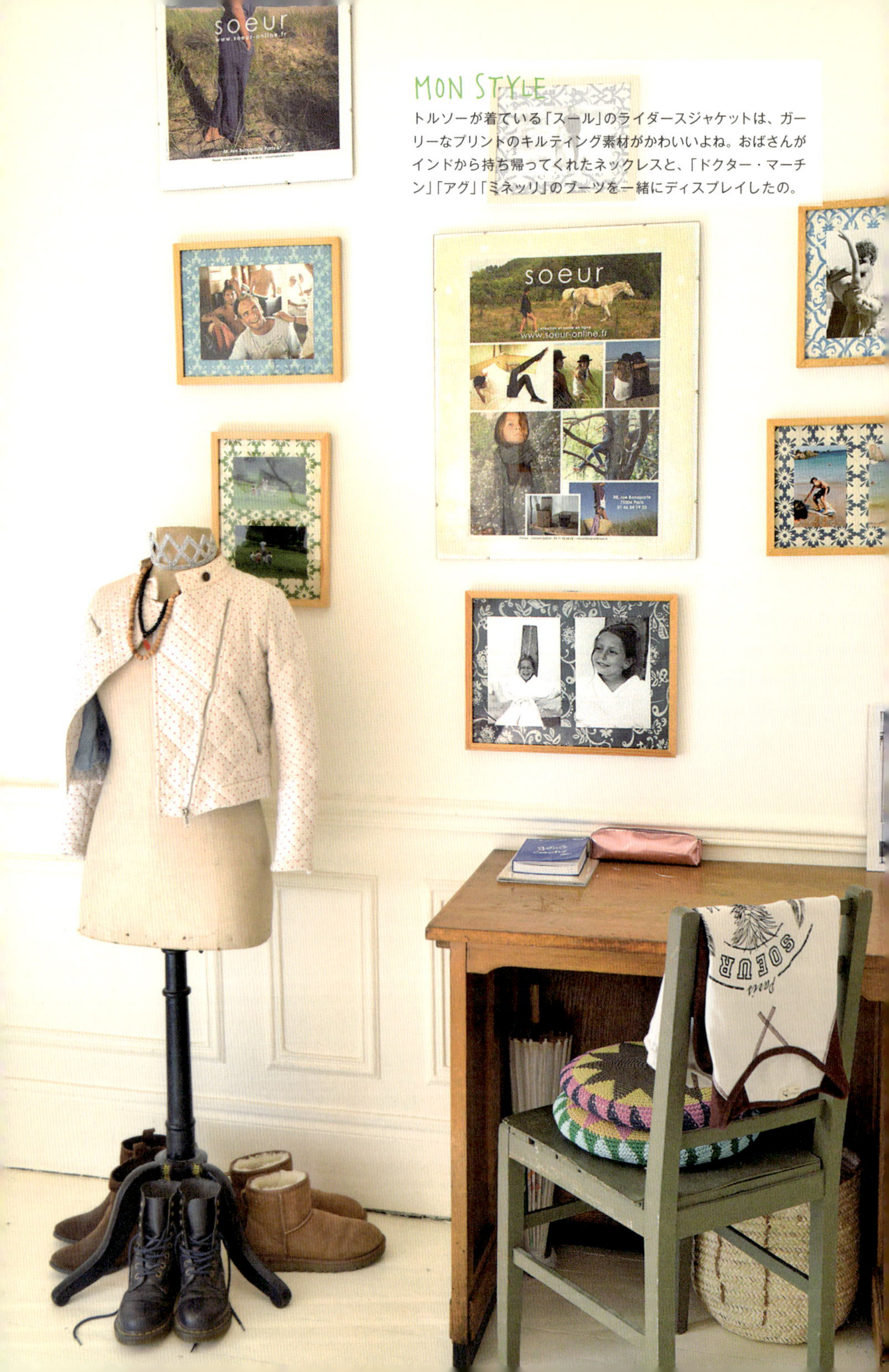

MON PETIT BAZAR
スザンヌのお気に入り

livre
大好きな本「太陽王の鳩たち」シリーズ3巻めは、シャルロットが主人公のお話なの。

sac
「プティット・マンディゴット」のななめがけショルダーバッグは、ボヘミアンなテイスト。

mon préféré

parfum
パリ生まれのシックな子ども服ブランド「ボン・ポワン」の香水は、さわやかでエレガントな香りがお気に入り。

trop mimi!

ballet
バースデーケーキを飾っていたバレリーナ人形がかわいくて、いまでも取っておいてるんだ。

coque iPhone
「ヴィクトリア・シークレット」のパイナップルiPhoneケースは、お母さんが香港に行ったときのおみやげ。

chapeau
ブラウンカラーのメロンハットは、「スール」のもの。マリン・テイストのワンピースとコーディネートして楽しんでいるの。

bracelet
両手首に、友だちにもらったブレスレットをたくさん着けているんだ。

Lucie

ルーシー
13歳 / コレージュ4年生

写真撮影に夢中のルーシー。興味を持ったきっかけは、友だちが素敵なカメラを持っていたこと。ついに手に入れたカメラは、ヴァカンスや週末の旅行先でも、いつも持ち歩いています。夏休みに1週間カメラマンのアシスタントを経験して、プロの撮影テクニックをちょっとだけ学ぶこともできました。友だちをモデルに、ポートレートやファッション・フォトを撮影して楽しんでいます。コレージュでは、最初に入学した公立の学校があまりあわなかったので、転校することにしたルーシー。ちょっと不安だったけれど、小さな学校なので、すぐにみんなと知り合いになれたそう。勉強はそんなに楽しくないと言いながらも、やすみ時間におしゃべりしたりカードゲームをしたり、仲のよい友だちとの学校生活を楽しんでいます。お部屋のインテリアは、大好きなブルーをテーマカラーに、自分で選んだ「イケア」の家具をコーディネート。お気に入りのアイドルのポスターや思い出の写真で、自分らしい空間を作りました。

TURLUTUTU
Le Robert & Collins

MA JOURNÉE ルーシーの1日

7:00～7:30am / 1日のはじまり。学校に行くときの洋服は、ラフなスタイルが多いよ。シンプルだけれど、ちょっと個性のあるデザインが好き。9:00am / 学校へ行ってきます。好きな教科は英語。世界共通語だし、大好きなワンダイレクションもイギリス出身だし、いつかイギリスに勉強に行きたいな。4:00pm / 放課後は、まっすぐおうちに帰って勉強します。ときどき友だちのおうちに寄り道して、映画を見たり、おしゃべりしたり、誕生日のサプライズ・パーティをすることもあるよ。8:00pm / 両親が作った料理を、家族みんなで食べます。テーブルセッティングとお片づけは、私とお兄ちゃんの役目。10:00pm / ベッドに入ります。同世代の女の子が書いた物語を、携帯で検索。夢中になると、深夜まで読んじゃう！

左上：ルーシーが着ているTシャツは、イラストレーターとして活躍するお父さんが「プチバトー」とコラボレーションしたもの。下：壁の下半分は、大好きなブルーでペイント。ローマに行った修学旅行での写真や、親友とのヴァカンスの写真をディスプレイ。

MA CHAMBRE

左上：7歳のときにスペインで撮影した写真と、友だちがプレゼントしてくれたしおり。左下：小さな箱をコレクションしています。右：ベッドコーナーには、大好きなアイドルグループ、ワンダイレクションのポスター。

MON PETIT BAZAR

ルーシーのお気に入り

mon doc

1.photo

2.parfum

3.bottes

4.vernis

Salut!

5.appareil photo

1.おさななじみと一緒に行った、ヴァカンスの思い出の写真。2.「マーク・ジェイコブス」の「デイジー」は、香りも好きだし、ボトルデザインも素敵！ 3.オンラインショップで見つけた「ドクター・マーチン」。マリンブルー色が私のファッションにあうから、よくはいているよ。4.ネイルはいつもは単色だけれど、今回は赤と黒の2色を塗ってみたの。5.お金をお父さんと半分ずつ出して手に入れた、カメラは大切な宝物。

Angela

アンジェラ
18歳 / 大学2年生

パリの南東部、ヴァンセンヌの森近くのサン＝マンデ。この小さな町に建つ、歴史を感じる美しい家に、大学生のアンジェラは、お母さんとお兄さん、ねこのエミール、そして2羽のうさぎと一緒に暮らしています。お母さんのエリザベスは、15年前に「ウォウォ」という子ども服ブランドを立ち上げた、ファッションデザイナー。サイズがあわなくて、いまはもう着られなくなってしまったけれど、コレージュまでは「ウォウォ」のお洋服をよく着ていたというアンジェラ。特にお気に入りのポンチョを毎日着ていたら、友だちにお母さんがデザイナーだと知られてしまったという思い出も。アンジェラが通うパリ・カトリック大学は、パリで唯一、美術史と英語のふたつの学士号がとれる学校。専攻はイスラム美術で、いまは文明やイスラム教寺院モスクの建築、モザイクなどの装飾美術について学んでいます。お部屋でも、家族の思い出の写真とアーティストたちの作品のイメージをミックス。インスピレーションソースに包まれた空間です。

FLASH

MA JOURNÉE アンジェラの1日

6:30am／おはよう！ 大きな窓のおかげで、太陽の光がたっぷり入ってくるお部屋で、気持ちよく目覚めます。メイクは、ヘルシーに見えることが大事。いくつかのパウダーをミックスして使います。8:00am／学校がはじまります。講義は3時間だけのときもあれば、9時間あることも！ ランチは友だちとカフェに行ったり、お気に入りのパン屋さんでサンドウィッチを買って、外で食べたりします。3:00～4:00pm／授業が終わったら、友だちと一緒にアイスを食べに行ったり、ひとり静かな図書館で勉強したり。友だちの紹介で見つけた、ベビーシッターのアルバイトもしているよ。眠る前には、ベッドに入ってパソコンで映画やドラマを見るのが好き。お気に入りは、フランシス・フォード・コッポラ監督の「ゴッド・ファーザー」とジブリのアニメ。

左：以前よくデッサンをしていたころに、おじいちゃんが贈ってくれたイーゼルは、いまはコラージュコーナーに。南インド地方でひとめぼれした、神様のキッチュなイラストを飾って。右：お気に入りのインド製コットンバッグは、たくさんストックしています。

MA CHAMBRE

左：いちばん長い時間を過ごすベッドコーナーの壁には、ヴィンテージショップで見つけた古いアメリカの国旗。右上：ガネーシャの彫刻、陶器のふくろう、フラメンコのスノードームを並べて。右下：細工が美しい小箱は、旅先からのおみやげ。

MON PETIT BAZAR
アンジェラのお気に入り

J'adore!

1.appareil photo

Clic-Clac!!

2.doudou

3.collier

4.souvenirs de voyage

5.livre

1. 18歳の誕生日に、友だちがプレゼントしてくれたカメラ。**2.** 私が生まれたときに、お母さんの友だちが贈ってくれたくまのぬいぐるみ。赤いセーターに、私の名前が刺しゅうされてるでしょ？ **3.** ボリュームのあるゴールドのネックレスは、お母さんから借りているの。譲ってくれないかな。**4.** インドネシアのお札は、旅の思い出。壁面に、いろんな国の思い出を貼ってるんだ。**5.** ニューヨークで買ったフリーダ・カーロの画集。エネルギッシュで、いきいきとした色使いがすばらしい！

Juliette

ジュリエット
17歳 / リセ最終学年

ジュリエットのお部屋のあちこちから顔をのぞかせる、大小さまざまなカバたち。はじめてのドゥドゥーがカバだった彼女にとって、小さなときから親しみのある動物です。このドゥドゥーとは、フランスの子どもたちが赤ちゃんのころから安心できるよう、そばに置いておくぬいぐるみのこと。いつでもどこでも一緒だったカバは、いまでも特別な存在なのです。ジュリエットは「ターミナル」と呼ばれるリセの最終学年で、バカロレア取得に向けて勉強中。フランスではコレージュ3年生のときに進路を選びますが、彼女は理系に進み、いま「ES」と呼ばれる経済・科学の専門クラスにいます。学年は3クラス、生徒の数も多くないので、先生たちがひとりひとりに親身になってアドバイスしてくれる、いい学校です。お部屋は、自分の好きなものばかりが集まった空間にしておきたいというジュリエット。青い壁面に、オレンジのランプとイエローのiPodの広告ポスター、コントラストのあるカラー・コーディネートが素敵です。

iPod
10,000 songs in your pocket. Mac or PC.

RYAN
GOSLING ...
PLEASE RETURN TO
Brandy
NEW YORK
1976
PENSE BETE ...
Taureau
SWAG
PARISHANOI
SPORT
The Kooples

MON STYLE

絵を描くのが好きなの！ デスク前の壁面は、手描きのイラストにメッセージ、気になった展示会や映画、お店の情報、旅先での写真をコラージュしてます。フレームに入れて飾っているカラスの写真、おもしろいでしょ？お気に入りだから、まん中に飾ってみたの。

MA JOURNÉE ジュリエットの1日

🕖7:30am / 朝が苦手だから起き上がるまでは、まるで「戦い」! ベッドから出たら、8時過ぎには朝ごはんです。手づくりジャムとバターを塗ったビスケットとアールグレイ・ティーを、お母さんが用意してくれています。🕘9:00am / メトロに乗って、学校へ。授業は、だいたい8時限目まであります。ランチは校外のお店でベーグルとかサンドウィッチ、クレープ、インド料理や日本料理をテクアウトで買ってきます。大きな食堂ホールで、友だちとおしゃべりしながら食べるの。🕕6:00pm / 放課後は、友だちと近くのカフェに寄り道しておしゃべりすることも。家では宿題をしたら、親友のオードレイとフェイスタイムでおしゃべり。🕛0:30am / 遅くまで起きているほうで、この時間より早く眠ることはゼッタイないの!

左：絵を描いたり勉強したり、長い時間を過ごすデスクは、家の中でいちばん好きなコーナー。 右上：ずらり並んだカバたちは、友だちからのプレゼント。右下：カラフルなクッションと一緒に、友人が手づくりしてくれたオレンジのカバ・クッションを並べて。

MON PETIT BAZAR
ジュリエットのお気に入り

casque
ヘッドフォンは、朝・夕のメトロでの通学時間に欠かせないもの。コレージュ3年生のときの誕生日プレゼントで、ずっと愛用してます。

J'adore!

hippopotame
まわりにカバ好きな人なんていないから、あえてカバの大ファンになったんだ。犬やねこっていうより個性的でしょ? お兄ちゃんは、ダチョウ好きなの。

doudou
このカバのぬいぐるみが、私のはじめてのドゥドゥーなの。

indispensable!

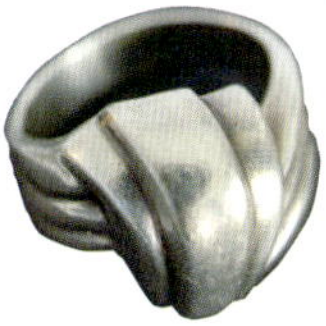

parfum
「ゲラン」の「ラ・プティット・ローブ・ノワール」は、おばあちゃんがつけていた香水。学校に行くときも、いつもつけてるよ。

bague
おばあちゃんの指輪。ずっと欲しいとお願いしていたら、ある日ついに譲ってもらえたの！とっても大切な私の宝物。

Mon trésor

guitare
ギターは、コレージュ時代に友だちと一緒に演奏していたの。1年間は教室にも通ったんだけれど、だんだんエレクトロとかラップが好きになって、弾かないようになっちゃった。

marbre
あちこちで見つけたビー玉を、こうしてムラノ・ガラスの花器に入れているの。なんだか、たくさん集まってきて……インテリアとしても素敵じゃない?

Tal

タル

18歳 / グランゼコール準備学級生

パリ17区のアパルトマンで、家族と一緒に暮らす18歳のタルは、いまグランゼコールへの入学を目指して猛勉強中。グランゼコールは、フランスだけの特別な高等教育のシステム。リセに併設された2年間の準備学級コースに入って、とにかく勉強に励む日々です。入学試験が難しいだけでなく、在学中も進級や卒業のときに厳しく試験で選抜されるのだそう。タルが目指すのは、フランス語で「エコール・ノルマル・シュペリウール」と呼ばれる、高等師範学校。教育系の名門校で、卒業生は大学やグランゼコールの教授・研究者になります。いまはカフェに行ったりパーティに参加したり、友だちとのちょっとした時間が、勉強のあいまの大切な息抜き。おうちでは、お姉さんのフィリピーヌが使っていたお部屋を、そのまま引き継いだタル。インテリアに時間を使うことができない分、お姉さんが残してくれたフライヤーやステッカーがコラージュされたスペシャルな壁が、お気に入りのコーナーです。

Présidons !
LE FASCISME C'EST LA GANGRENE ON L'ELIMINE OU ON EN CREVE !
CAUSEWEPLAY
LUTTEZ

MA JOURNÉE タルの1日

7:00am / おはよう！ ささっと身だしなみを整えたら、すぐに朝ごはん。横半分にスライスしたバゲットにバターを塗った「タルティーヌ」に、紅茶かホットチョコレート。ちょっとシリアルもいただきます。8:00am / 学校のバスの時間にあわせて、おうちを出発。授業数は4時間目から8時間目まで、曜日によって違うんだ。放課後は特に用事がなければ、夕ごはんの時間まで友だちと勉強。お気に入りの勉強の場所は、パンテオンの向かい側にあるサン・ジュヌヴィエヴ図書館。「パリでもっとも美しい図書館」なんだって。8:00pm / ただいま！ おうちに帰って、家族で夕ごはんの時間。妹のエマとおしゃべりしたりして、夜はリラックス。11:00pm～1:00am / おやすみなさい。あんまりたくさん寝ないほうかな。

左上：デスク前にある黒いラッカー塗りのボードには、映画や展示会のチケットなどをピンナップ。左下：毎日活躍するのは、やっぱりスニーカー。「ナイキ」は旅先で買うことも多くて、思い出がいっぱい。右：メタルのチェストと黒いランプは、お母さんが探してきてくれたもの。

MA CHAMBRE

左：お姉さんが旅先で集めてきたフライヤーを中心に生まれたコラージュ・ウォールは「思い出のタペストリー」。右上：フランス人アーティスト、ニーナ・チルドレスの作品。右下：メイク用品はあれこれ持っているけれど、普段はマスカラだけ。

MON PETIT BAZAR
タルのお気に入り

1.bracelet

2.tennis

3.jeux de cartes

chic!

4.parfum

5.livre

1. お母さんが買ってくれた、ゴールドのバングル。2. バーガンディ色がきれいな「ナイキ」のバスケットボールシューズ。3. ときどき友だちとカフェで楽しむ、タロットカード。4. 「ディオール」の「ジャドール」は、華やかなお花の香り。とても女性らしいの。5. 去年、学校の授業で取り上げられたプルースト著『失われた時を求めて』の第一篇『スワン家のほうへ』。読書はもともと大好きだけれど、授業を受けて、さらに文学のおもしろさを感じることができました。

Emma

エマ
13歳 / コレージュ5年生

タルの妹のエマは、公立のコレージュに通う5年生。来年からはじまる第二外国語の授業で、イタリア語を選択できるのを、いまから楽しみにしています。姉妹の部屋は、バスルームをあいだにはさんだ、お隣どうし。お姉さんのフィリピーヌが家を出たのをきっかけに、エマも自分の空間を持てるようになりました。家族5人で暮らす、19世紀に建てられたオスマン様式のアパルトマンは、冬は寒くて、お部屋のドアに鍵がついていないのが残念というエマ。インテリアデコレーターになることが夢で、自分のお部屋を好きなようにしてみたいと、お母さんにお願いしました。まずは飾られていた絵などを全部外して、壁を自分でペイント。アイボリー色を選んだので、やわらかい雰囲気で心地のいい空間ができあがりました。エマがかわいがっている、うさぎのクッキーは4歳。ずっとペットを飼いたいと思っていたので、いっぱいおねだりをして、ようやく飼うことを許してもらった小さな友だちです。

MA JOURNÉE エマの1日

6:30am / 1日のはじまりは、お父さんがしぼってくれる新鮮なオレンジジュースと、シリアルの朝ごはんで。8:45am / バスに乗って、学校へ行ってきます。9:00am / 授業がはじまります。得意教科は、歴史と地理。勉強もがんばっているけれど、学校で最高に楽しいのは、やすみ時間にみんなで仕掛けるちょっとしたイタズラかな。ダンスに夢中で、放課後はチームを組んでいる友だちと一緒に練習しています。5:30～6:00pm / ただいま。まずは、お部屋で宿題しなきゃ。月曜日の夕方は、ジャズダンスのレッスンに通っています。夕ごはんのあとは、お姉ちゃんとおしゃべり。音楽やテレビドラマ、友だちのこと、それからもちろん男の子の話もね！10:00pm / ベッドに入って、本を読みながら眠ります。11時くらいには夢の中……

左上：「無印良品」のアクリルボックスに、メイク用品を入れて。そばには、お気に入りの「ケンゾー」の香水も。左下：お姉さんと一緒に集めている「ナイキ」のスニーカー。右：毎日のことをつづるのは、ピンクの表紙の日記帳。

MA CHAMBRE

左上：学校用にお姉さんがプレゼントしてくれたバッグ。「本当はあんまり好きじゃないの！」というエマ。左中：「レイバン」のサングラスは、10歳の誕生日プレゼント。右：窓辺にある黒い大理石の暖炉の上は、メイクコーナー。

MON PETIT BAZAR
エマのお気に入り

1.trousse

2.livre

3.canette de soda en édition limitée

4.cahier

5.masking tape

TOP!

1. コインパースは、ロサンジェルスに行ったときに「アーバン・アウトフィッターズ」で。**2.** アートディレクターのお母さんと、写真家でジャーナリストのお父さんが、一緒に作った写真集『スーヴニール・ドゥ・パリ』と『スーヴニール・ドゥ・ロンドン』。**3.** ファッションデザイナーがデザインした、限定ボトルを集めています。**4.** お父さんがイスタンブールから持ち帰ってくれたレザーの表紙のノート。**5.** コレクションしているマスキングテープは、近所の文房具屋さんで。

Léonie

レオニー
14歳 / コレージュ4年生

レオニーが切手を集めはじめたのは、10歳のとき。切手収集が趣味だったおじいちゃんに、コレクション・アルバムを見せてもらって、その美しさに感動したのがきっかけでした。いまでは何冊ものアルバムができて、整理しきれない切手も、まだまだ箱や缶の中にたくさんあります。レオニーがお父さんとお母さん、そして9歳の妹と一緒に暮らすのは、ヴァンセーヌの森にも近いモントルイユの落ち着いたエリア。アパルトマンは、アーティストが自分たちでリフォームをした集合アトリエに囲まれていますが、窓の向きが工夫されているので、太陽の光をたっぷりと迎えられる心地のいい空間です。すこし前に増築をして、レオニーのお部屋ができました。壁面にきれいな水色を選んだのは、レオニー。お母さんが子どものころに使っていたというベッドをはじめ、あちこちから集めた家具を使っています。はじめて持つことができた小さな自分の世界の中で、インテリアを楽しんでいます。

the greatest hits
PLAY Gui TARS
UNIVERSITY OF LACOSTE
PARIS

MA JOURNÉE レオニーの1日

6:45am／朝目覚めたら、まずは洋服選び。色あわせやコーディネートを考えるのは好き。7:40am／自転車に乗って、途中で友だちと合流しながら学校へ。8:10am／授業がはじまります。金曜日だけは9時5分からなんだ。デッサンと音楽、それから英語の時間が好き。お気に入りの音楽や映画は英語のものが多いから、勉強したいと思っていて、語学の授業が充実している、この私立のコレージュを選んだの。第二外国語でスペイン語もやってるよ。4:00pm／おうちに帰ります。水曜日は1時に、授業の多い木曜日は5時過ぎに帰り着くよ。月曜はカンフー、水曜は陶芸、木曜はピアノのレッスンにでかけます。7:00～8:30pm／夕ごはんの時間は、だいたいこのくらい。9:00～10:30pm／ベッドに入って、おやすみなさい。

左：ドアに、雑誌から集めた、あこがれのセレブたちの写真をコラージュ。右上：お母さんがのみの市で見つけたヴィンテージの生地で手づくりしてくれたカーテン。その隣のデッサンは、3歳のときにレオニーが描いたもの。右下：家型のクッションは、近所に住むクリエーターの作品。

MA CHAMBRE

左上：絵を描くのが大好きなレオニー。週に一度通っているアートスクールでも、デッサンのクラスに入りたかったけれど定員がいっぱいで、彫刻クラスでがんばっています。右上：メキシコみやげのペーパードール。左中：木型のアクセサリースタンドには、自分で選んだピアスがたくさん。左下：おでかけのときによく持つバッグたち。右下：いとこから譲り受けたデスクに、テラスで使っていた赤いイスをあわせて、勉強コーナーに。

MON STYLE

この花柄のテディベアは、私が赤ちゃんのときに、おばさんが作ってくれたもの。それから、ずっと一緒です。ファッションは、今日のコーディネートがいまいちばんのお気に入り。「ティンバーランド」のブーツに、「ラコステ・ライヴ」のスウェット、グレーカラーのデニムはおばさんのおさがり。サイズがぴったりでよかった！そうそう、壁のポスターは、アーティストのM/Mパリの作品だよ。

MON PETIT BAZAR
レオニーのお気に入り

\Mes timbres/

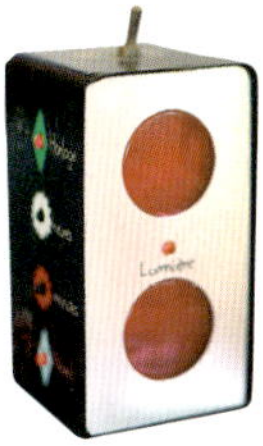

timbre
もう4年くらい集めている切手たち。家族や友だちが旅先から送ってくれたりして、コレクションを手伝ってくれるの。

réveil
「ツェツェ・アソシエ」の目覚まし時計は、お母さんのプレゼント。自分でちゃんと起きられるようにって。でも、そうはうまくいかないみたい。

boucle d'oreille
おばさんが誕生日プレゼントに選んでくれた、羽根とビーズのピアス。

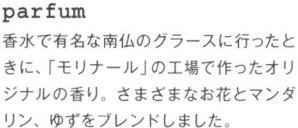

parfum
香水で有名な南仏のグラースに行ったときに、「モリナール」の工場で作ったオリジナルの香り。さまざまなお花とマンダリン、ゆずをブレンドしました。

pull
お母さんが着ていたニットをもらっちゃった。サンプル品だったみたいで、手で刺しゅうされたお花のデザインが素敵でしょ?

coquille
これも、おばさんからの贈り物。マダガスカルから持ち帰ってくれたの。雨の日は、この貝がらを眺めるんだ。

iPod
音楽が大好きなの。よく聞いているミュージシャンは、ビヨンセ、マックルモア&ライアン・ルイス、ラナ・デル・レイ、そしてリアーナ!

vernis
気分を変えたいなっていうときは、ネイルをするの。

coussin
ブルックリンのフリーマーケットで見つけた、クッション。カラフルなくまの刺しゅうがかわいい!

bottes
80年代の水玉ブーツは、ガレージセールでの掘り出し物。友だちとのパーティには、これを履いていくのよ。

Anne

アンヌ
18歳 / インターンシップ

アンヌは、パリ10区にある私立のリセを卒業したばかりの女の子。これからなにをしていこうと迷う中で、知らない場所で新しいことにチャレンジしてみたいと、ロンドンに留学することにしました。午前中は、学校に通って英語の勉強。そして午後は、ファッションブランド「プリズム・ロンドン」でインターンとして働くという日々を過ごしてきましたが、だんだんと仕事のほうが楽しくなってきたアンヌ。学校をやめて、インターンシップ制度を通して、さまざまな経験をしたいと考えています。いまはロンドンでひとり暮らしのアンヌですが、パリに近いこともあって、週末はモントルイユの実家に帰ることも。お部屋はそのまま残してあって、帰るたびにインテリアに手を入れています。ベッドの壁のステッカーは、映画館の「mk2ビブリオテーク」内のショップで見つけたもの。お父さんに手伝ってもらいながら、この形に貼っていきました。アンヌにとってパリの部屋は、安心できる小さな巣のような場所です。

MA JOURNÉE アンヌの1日

いまは朝から夕方まで、ずっとお仕事に集中しているから、語学学校のときの様子を話すね。9:00am / 1日のはじまり。ひとり暮らしになってから、栄養バランスがよくないのか、顔色が悪くなったような気がするの。以前は、目とリップのポイントメイクだけだったけれど、最近はファンデーションを使ってカバー。10:00am / コベントガーデンにある学校へ。みっちり英語を勉強！ 0:30pm / 授業が終わったら、友だちのおうちで一緒にランチ。ロンドンは物価が高いから、外食するよりも、自分たちで作るほうがいいの。午後は「プリズム・ロンドン」のオフィスへ。6:30 pm / お仕事が終わります。夜はパブやカフェに寄ったり、ロンドンらしい景色を見に出かけたりします。2:00am / おやすみなさい。

おうち型の飾り棚には、弟からもらったゴールドの鳥のオブジェや、アムステルダムやニューヨーク、ニースなど旅先から持ち帰った思い出の品を並べて。ライターは、カフェでもらったり、パーティのときに床に落ちていたのを拾ったりするうちに、色や形が好きになって集めはじめました。

MA CHAMBRE

左上：お気に入りのメイク用品。ピンクのボトルは、お母さんがくれた香水「クリード」の「スプリング・フラワー」。左中：ヒーター・パネルは、友だちとの落書きでいっぱい。その上に置いた黒いボードは、ルーブル・ピラミッドをイメージして作った作品。右上：ドアノブにかけた「マーク・ジェイコブス」の赤いバッグは、18歳の誕生日プレゼント。左下：お父さんがきれいに靴を片付けてくれました。右下：アクセサリーは、旅先でひとめぼれしたものがほとんど。

MON STYLE

ロンドンに行ってから、パリにいたときよりも、のびのび過ごせるようになったの。ファッションも自由だしね！今日はファッション通販サイト「ASOS」のショート丈Tシャツに、ニューヨークの小さなブティックで見つけたスカート、オーバーニーソックスに「トップショップ」のブーティをあわせて。この壁紙は、パリの雑貨屋さん「フリュックス」でお父さんが見つけてくれたの。

MON PETIT BAZAR

アンヌのお気に入り

chat

黒ねこはノワロ、ブラック＆ホワイトはノノン。２匹とも10歳になります。なでてあげると喜ぶのよ。

sac

ベビーピンクがかわいいレザーのショルダーバッグは、イタリアのもの。あわいピンクは、お気に入りの色なんだ。

lunettes de soleil

ゴールドが効いているサングラスは、「レイバン」の「クラブマスター」。クールでしょ？

mes couleurs

bague

シルバーの指輪は、ゾウの形になっているの。４年前に親友と行った、サントロペのマルシェで買いました。

vernis

ネイルは大好き！ 塗っていないときのほうがめずらしいくらい。気分にあわせて変えられるように、いろんなカラーを持っているの。

pour l'été

parfum

「イヴ・サン＝ローラン」の「ベビードール」は、お父さんからのプレゼント。

sandale compensée

コーラルオレンジのウェッジソールのサンダルは、パリで出会ったお気に入り。

écharpe

パリのチャリティーショップ「エマウス」での掘り出し物、なんと50サンチームのスカーフ！ コーディネートによく取り入れています。

Lois

ロワ

16歳 / リセ2年生

ロワが通う学校は、国際的でさまざまな外国語を学べることで有名な私立のリセ。フランス語と英語を同じレベルで勉強しながら、スペイン語にもチャレンジしています。ロワが家族と一緒に暮らすバスティーユは、いま話題のショップやカフェが多く、さまざまなカルチャーがミックスしているところが魅力。近くに流れるサン・マルタン運河沿いへと出かけるのが、お気に入りです。このエリアの中心ともいえるバスティーユ広場に面した、クラシックなアパルトマンがロワの住まい。自宅には彼女が描いたデッサンがあちこちに飾られていて、両親も誇らしげです。美術大学を目指すロワは、リセで週に11時間の美術の授業をとるほか、週末はパリ装飾芸術美術館に併設されたアートスクールに通っています。ポートレートを描くという学校の課題では、尊敬するアーティスト、ジャン＝ミッシェル・バスキアのイメージを手がけて、最高点をもらったことも。世界共通の表現方法として、アートに夢中の女の子です。

Le sac

MA JOURNÉE ロワの1日

7:00am/おはよう。「ニュクス」のクリームでスキンケアをして、パウダーとクリームチーク、マスカラでメイクアップ。8:00am/学校がはじまります。好きな教科は、もちろん美術！ マーカーや色えんぴつで描くのが得意。もうすぐ水彩画のテクニックを教えてもらえるから楽しみにしてるんだ。やすみ時間は友だちと中庭を歩きながら、おしゃべりするの。6:00pm/放課後は、友だちとカフェに寄り道。水曜日は学校が早く終わるので、お昼には帰ります。家では、アメリカのシリーズもののドラマをよく見ているよ。フランスとは違ったユーモアが感じられる、コメディが好き。これは英語の勉強でもあるのよ。時計に振り回されるのは好きじゃないから、学校のあとは自由に過ごしています。

左上：きのこ型のナイトランプで、インテリアにキュートさをプラス。左下：おばあちゃんが使っていたミシンを使って、洋服をカスタマイズするのが好き。右：レオパード柄のジャケットが2着。手前はお姉ちゃんからのプレゼントで、スウェットやスニーカーとあわせてカジュアルに。

MA CHAMBRE

左上：アートブックや小説など、本は表紙の色別に並べて。右上：誕生日プレゼントだった「トップショップ」のショルダーバッグに、ヴィンテージ・スカーフをあしらって。右中：ミッキーマウスが大胆にプリントされた「スペルガ」のコットンスニーカーは大のお気に入り。左下：おばあちゃんが住んでいる町のヴィンテージショップで見つけたタイプライター。右下：ハートを描いたりコラージュしたり、デッサン画を運ぶためのカルトンをカスタマイズ。

MON STYLE

私は雑なところがあるから、お部屋のインテリアはシンプルにしようって考えたの。私らしくはないかもしれないんだけれど、だからこそ逆に好きな空間なのね。デスク前の壁は、黒板になっているの。楽しかったことやイヤなこと、頭に浮かんだことを全部ここに落書きできるように、黒板ペンキで塗りました。

MON PETIT BAZAR

ロワのお気に入り

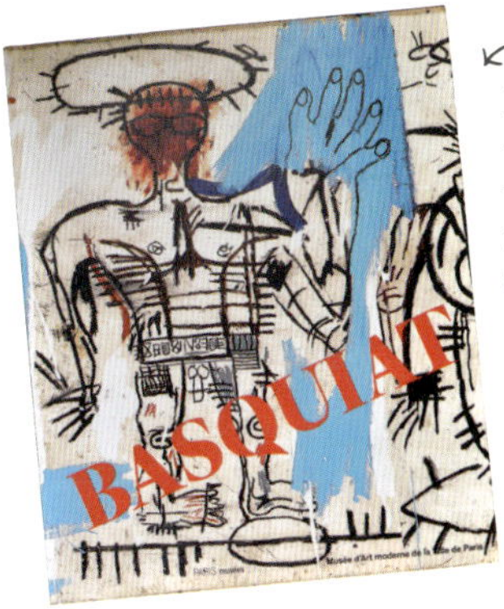

sac

「マーク・バイ・マーク・ジェイコブス」のバッグは、ずっと欲しかったもので、ようやく手に入れたの！

livre

ジャン＝ミッシェル・バスキアは大好きなアーティスト。商業的でないし、ニュー・ペインティングとも言われた新表現主義のスタイル、それに彼の生き方にもひかれるわ。

vernis

七色に輝くラメが入ったネイルカラーは、夏のお気に入り。海に行ったときに、砂がかかると素敵よ。

appareil photo

3年前に手に入れたカラフルなカメラ。自然の風景を写すのが好き。作りこんだシーンを撮影するのは好きじゃないの。ナチュラルな感じがいいな。

bracelet

フランスのロンシャン競馬場で毎年行われる音楽フェス「ソリデイズ」で見つけたブレスレット。友だちが編んでくれたものと、いつも重ね着けしてるんだ。

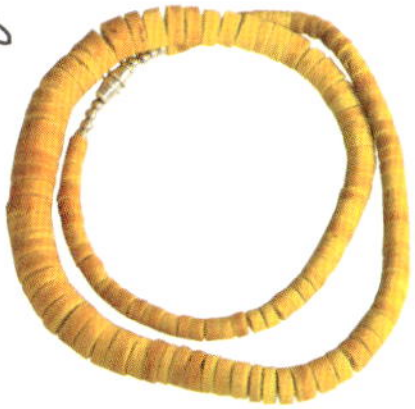

ouah ouah

parfum

子どもから大人まで楽しめる「ボンポワン」の香水は、ティーンの私たちにちょうどいい感じ。

chaussures

「コム・デ・ギャルソン」のプライベートセールで手に入れたんだ！とってもお気に入り。

chien

6か月前に家族の仲間入りをした、ウェンディー。とってもちっちゃいでしょ？それに恥ずかしがりやなの。だんだん、みんなと仲良くなっているところ。

Alice

アリス
15歳 / リセ2年生

文字が書けるようになってから、ずっと文章を書くのが好きというアリス。よく自分でお話を作っていましたが、コレージュ4年生のときに、ついに小説を書きあげました。そのタイトルは『ベッドフォード・チャーチ』、イギリスの田舎の孤児院で暮らす女の子を主人公にした推理小説です。1ページだけ書いたところで友だちにみてもらうと「続きが読みたい」と言ってくれたので、1年間かけて少しずつ書き進めて完成させました！映画の脚本家が将来の夢というアリスは、リセに進学するときに映画の授業がある学校を選びました。いろいろな時代の映画を見て歴史を学んだり、自分たちで映画を作ってみたり……、仲のいい友だちと町に出て映像を撮影するのは楽しい時間です。お部屋にも、お気に入りの映画ジャック・ドゥミ監督「ロシュフォールの恋人たち」のポスターを飾って。両親からはいつもきれいにしておくようにと言われるので、ベッド横の壁面だけは自由なピンナップコーナーにしました。

Les Demoiselles de Rochefort
GONE WITH THE WIND

MA JOURNÉE アリスの1日

7:50am/おはよう！シャワーをして着替えたら、朝ごはんです。8:30am/メトロに乗って学校へ。乗り換えなしの2駅目なので、あっというまに到着。9:00am/授業がはじまります。好きな教科は歴史。昔のできごとをたどっていくのが、とってもおもしろい。ランチは学校の食堂か、近くのファストフード店に行ったり、サンドウィッチを買ってレピュブリック広場で食べたりします。4:00～5:00pm/放課後は、学校の前で友だちとおしゃべりしてから、家に帰ります。映画の授業がある水曜日だけは8時まで！家に帰ったら、すこし休憩して、本を読んだりパソコンをしたり。そのあとは1時間くらい勉強。10:00～11:00pm/ごはんを食べて、お風呂に入ったりしているうちに、もうベッドに入る時間になっちゃう。

ごちゃごちゃした感じが好きというアリス。この壁だけは友だちが描いたイラストや写真など、好きなようにディスプレイしています。まん中の黒いフレームに入ったポスターは、ダンス用品ブランド「レペット」のもので、お母さんからのクリスマスの贈り物。

MA CHAMBRE

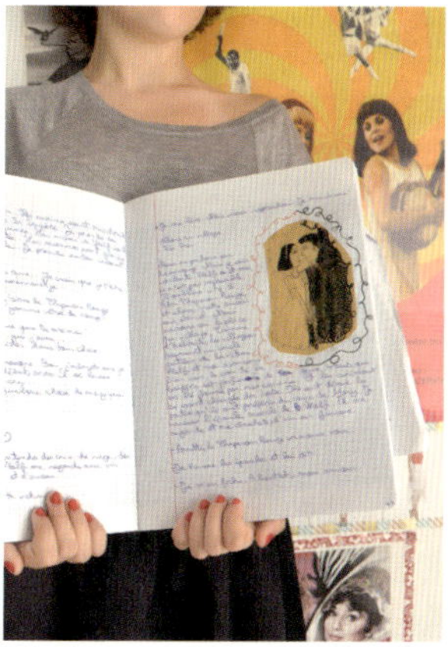

左：本棚に並んだ雑貨の中では、コレージュのときに行った旅を思い出す、船のオブジェがいちばんのお気に入り。右上：思いついた物語を書き留めているノート。右下：お母さんがデザインしているブランド「ミニラボ」のキャニスター。

MON PETIT BAZAR
アリスのお気に入り

2.bague

J'adore!

5.sac

Ma bande

1.photo

3.bottes

4.livre

1.エコール・エレモンテールのころから仲よし、ジャンヌの写真。引っ越して、おうちは遠くなってしまったけれど、心を許せる親友。2.おばあちゃんの指輪は、お母さんから譲り受けたもの。あわいピンクの石が、とてもきれい。3.「ドクター・マーチン」のブーツは、去年の冬休みにロンドンで。色選びに迷ったけれど、大好きな赤にしました。4.シャーロット・ブロンテ『ジェーン・エア』は、お母さんにすすめられて読みはじめた1冊。5.「ミニセリ」のバッグは、おでかけ用。

Nina

ニーナ

13歳 / コレージュ4年生

アリスの妹、ニーナはコレージュ4年生。色あわせやシルエットづくりが上手と、デザイナーのお母さんが認めるおしゃれさんで、お姉さんにファッションのアドバイスもします。ニーナのお部屋は、やわらかいパステルグレーに包まれた空間。リフォームのときに、お母さんと一緒にたくさんのインテリアの写真を見ながら、悩みに悩んで決めた色です。そこにポップなデザインの「スペースインベーダー」のウォールステッカーを少しずつ貼ってデコレーション。デスクや飾り棚は、自分でペンキを塗って仕上げたのだそう。お部屋に置いてあるピアノは、お母さんの友だちが貸してくれたもの。動画サイトを見たり、友だちに教わったりしながら、独学で練習をしはじめて1年ちょっと。放課後に毎日のように弾いていたら、いまでは作曲もできるようになりました。音楽好きのニーナは、ダンスも得意で、7歳のときからミュージカルの教室に通っています。4時間の充実したレッスンが終わると、もうクタクタです。

San Francisco

MA JOURNÉE ニーナの1日

6:30am／遅刻しないように、余裕を持って早めに起きます。ベッドを整えて着替えたら、朝ごはんを食べて、でかけます。そうそう、メイクも忘れずにね。7:40am／学校へ行ってきます。歩いて15分くらいの距離なので、音楽を聞いていると、あっというまだよ。8:00am／授業がはじまります。好きな教科は美術。すごくいい先生で、色彩や影のこと、いろんなインスピレーションがもらえる楽しい授業なんだ。やすみ時間は友だちと集まって、おしゃべりしたり、ゲームをして遊んだり。4:30pm／午後の授業が終わって、おうちに帰ります。宿題を終えたら、おやつを食べて、ピアノの練習。お裁縫や編み物も好きだし、時間があるとピンタレストをやってます。9:30～10:30pm／ベッドに入って、おやすみなさい。

左上：お母さんがデザインしているブランド「ミニラボ」のぬいぐるみは、小さなころからずっとそばにあるもの。左下：ヴァカンス先で描いたスケッチ。右：おじさんが譲ってくれたギターは、独学ではなかなか難しくて、まだ練習が必要です。

MA CHAMBRE

左：ベッドリネンやクッションなど、「ミニラボ」デザインがいっぱい。カタログを見せてもらって好きなものを選ぶのが楽しい。右上：自分でトライした、水玉ネイル。右下：マニキュアや小さなオブジェが並んだ棚は、ニーナの宝箱。

MON PETIT BAZAR
ニーナのお気に入り

3.cahier

mon grigri

4.doudou

Trop bien!

1.écharpe

2.ruban

5.tennis

1.「ザラ」の妹ブランド「ベルシュカ」で見つけた、星柄のスカーフ。2.お気に入りのアクセサリーは、ハンドメイドのリボン。ヘアアレンジに使ったりして、楽しんでいます。3.お母さんがくれたノートは、デッサン帳に。4.友人たちがみんなで誕生日に贈ってくれた「ヴァンズ」のスニーカー。とってもうれしかった！ 5.アメリカのメル友が贈ってくれた、ふくろう。メールで「なにかコレクションしている？」と聞いたら、ふくろうグッズの写真を送ってくれて。その1週間後にこのぬいぐるみが届いたの。

Chiara

キアラ

15歳 / リセ2年生

旅行が大好きというキアラ。外国を旅するにはコミュニケーションが大切と感じたので、リセでも英語の勉強にがんばっています。毎年夏には、アメリカのフィラデルフィアで開催されるサマーキャンプに参加。15日間ずっと英語を使って過ごすのは、とてもいい勉強になります。着心地のよいシンプルな洋服に、アクセサリーで変化をつけるというファッションが、パリジェンヌらしいスタイルのキアラ。彼女のお母さんは、パリのママンたちに大人気の子ども服ブランド「ゼフ」のデザイナー。コーディネートしやすい定番アイテムに、少し流行を取り入れた、上質な子ども服を発表しています。ティーンエイジャーのためのコンセプトストアもオープンしたので、キアラもよく利用しているのだそう。お部屋もシンプルに、黒と白をテーマにコーディネート。雑誌を見ながら、イマジネーションを広げて、ディスプレイしました。ファッションと同じように、インテリアのスタイリングも楽しんでいます。

MA JOURNÉE キアラの1日

7:00am / 1日のはじまり。洋服は前の晩に選んでおくので、さっと着替えちゃいます。朝ごはんは、さくらんぼのジャムを塗ったタルティーヌ。7:45am / おうちを出て、メトロかバスで学校へ。授業はだいたい7時間目まで。英語の勉強も好きだけれど、学校でいちばん楽しいのは、やっぱり友だちとおしゃべりできる、やすみ時間！ 5:30～6:00pm / 授業が終わります。放課後は、友だちと一緒にパニーニやクレープを食べたり、カフェに行ったりするの。友だちと別れて、おうちに帰ると宿題タイム。勉強が終わればフリータイムで、メールやテキストメッセージを送ったり、スカイプを使って友だちとおしゃべりしたり。携帯は手放せません！ゆっくり時間があるときは、両親と一緒に映画を見るのも楽しみ。

左：シンプルなお部屋の中で、このコラージュボードだけはにぎやか！友だちと撮影した写真や、洋服ブランドのロゴ、レストランの情報、雑誌の切り抜きなど、お気に入りを集めました。右上：サングラスをかけて、クールな女の子たち。右下：スタッズがポイントになったレザーポーチ。

MA CHAMBRE

左上：夏のヴァカンスでスペインに行ったときに買ったハット。左中：普段使いのメイク用品たち。右上：カーテンは「ゼフ」のアイコン的なプリント、星柄のテキスタイルで。窓の取手にかけたバッグは、パリジェンヌにロックテイストが人気の「スウィルデンズ」のもの。左下：普段はスニーカーだけれど、パーティではハイヒールでエレガントに。右下：アクセサリーの中でも、大好きなネックレス。特にチャーム付きのものがお気に入り。

MON STYLE

おじいちゃんに譲ってもらった古いポラロイドカメラで、写真を撮るのが好きなの。私が小さなころの写真や、友だちにもらった写真もミックスして、ベッドのそばの壁に貼っています。ハート形って、ロマンチックじゃない？ インテリアのポイントになって、とても気に入っているコーナーです。

MON PETIT BAZAR

キアラのお気に入り

collier

ゴールドのチェーンに、ブラック＆ホワイトのアクセントが効いているロングネックレス。

TOP!

livre

ロミー・シュナイダーは、生き方やキャラクターも大好きな女優さん。彼女のブックレット付きDVDボックスは大切にしてるんだ。

gillet de la fourrure

ラビットファーのショート丈ベストは「ゼフ」のもの。裏地が星柄なのもかわいいでしょ？

trousse

「ゼフ」の星柄ポーチは、メイク用品を入れたり、ステーショナリーを入れたり、使いやすいサイズで大活躍なの。

Motif Étoile

casque

「マーシャル」のヘッドフォン。音楽はハヤリのものより、お父さんの影響で聞くようになったビートルズが好き。

ceinture

茶色のレザーに、ちょっとアメリカン・ネイティヴっぽいビーズの刺しゅうが素敵なベルト。これも「ゼフ」なの！

écharpe

「ゼフ」のコレクションだったスカーフ。前のものだけれど、モチーフがユニークなのに色がシックだから、なんにでもあわせやすくて、よく使っています。

mon piano

piano

2年前からレッスンをはじめたピアノでは、クラシックを弾いているよ。家では「ヤマハ」のピアノです！

Angèle

アンジェール
18歳 / 大学1年生

お母さんと一緒に訪れた日本の文化や人々に興味を持って、日本語学科のある大学へと進んだアンジェール。勉強をはじめてみて、フランス語と全然違うことを実感！ その中でも「漢字」は、それぞれの形が持つ意味を知ることが楽しく、文章の中で使えたときのよろこびも大きいので、好きな授業なのだそう。アンジェールの住まいはパリ南の郊外、以前はたくさんの工場やアトリエが集まっていたエリアです。大きな建物をリノベーションした集合住宅に、両親と弟、そしてダックスフンドのスパイクと一緒に暮らしています。アンジェールが三角屋根の下のお部屋を持ったのは、8歳のときのこと。お母さんがかわいくデコレーションしてくれた様子が気に入っていて、ずっとそのまま大切に使っています。いまはすっかり背が伸びたので、天井を低く感じるようになったけれど、屋根裏部屋のようで居心地のいい空間。ひとりになりたいときは、はしご階段であがって、読書したり映画を見たりして過ごします。

MA CHAMBRE

この壁の絵は、私が8歳のときに自分で描いたの。1日かけて白くペイントしたあとに、お母さんのイラストのちょうちょやお花、ねこをマネして、大好きなお庭の風景を描いてみたんだ。なかなかの出来でしょ? 女の子柄のカーペットは、お母さんの作品よ。お部屋の色使いによくあうので、ずっとここに敷いています。

MA JOURNÉE アンジェールの1日

8:30am / おはよう！朝ごはんはミューズリーやシリアルを、コーンフレークと一緒にいただきます。ごはんが終わったら、洋服選び。シンプルで着心地のいい、リラックスできるスタイルが好き。学校まで歩いて20分くらいなので、朝はゆっくり。9:00am～1:00pm / 大学は講義がはじまる時間がまちまち。早いと9時からだけれど､午後からのときもあるよ。2:00～7:00pm / 学校が終わるのも、早い日もあれば遅い日も。できれば明るいうちに家に帰って、自分の時間を大切にしたいんだ。2:30～7:30pm / ただいま。たくさんやらなきゃいけないことがあって、家でも1時間から3時間くらい勉強！自由な時間は、大好きな読書をしたり、スパイクのお散歩に行ったり。夕ごはんの用意のお手伝いをして、家族で食卓を囲みます。

左上：ガーランドはお母さんの手づくり。左下：うさぎ耳のお人形のランプに、ピラティス用の緑色のプラスチックボール、小さなころからお気に入りの犬のぬいぐるみをディスプレイ。右：読書好きなアンジェールのために、ママがデザインしたランプをプレゼント。

MA CHAMBRE

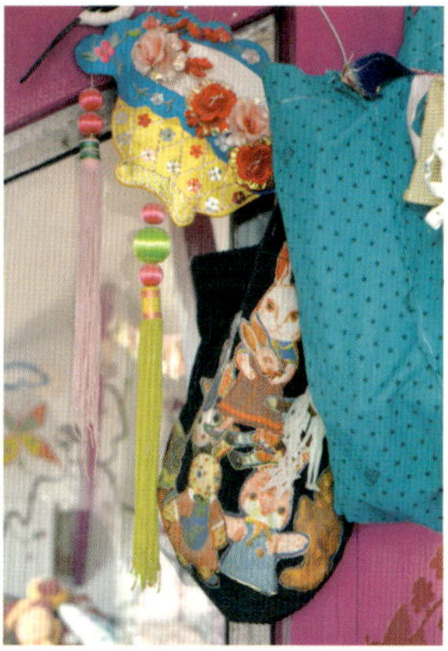

左：このはしご階段をのぼると、アンジェールのお部屋。右上：中国からのおみやげと、お母さんが作ったうさぎモチーフのバッグ。右下：お母さんが作った、ぬいぐるみやクッション。ぬいぐるみは大好きで、部屋に30個以上あります。

MON PETIT BAZAR
アンジェールのお気に入り

2.bracelet

5.doudou

1.bottes

3.poupée

4.livre

1. ずっと欲しかった「アグ」のブーツ！マレにあるお店で、誕生日に買ってもらいました。2. お母さんが子どものころに身につけていたブレスレット。引き出しで見つけて、いまは私のものに。3. おばさんがブロカントで出会ったお人形。小さいときには、おしゃべりさせたりして遊んでいました。4. ジェーン・オースティンが大好き。特に『プライドと偏見』はお気に入りの1冊。5. リセのころ、美術の時間に作った黒ねこ。宮崎駿監督の『魔女の宅急便』のジジをイメージしたの。

パリのおしゃれショップガイド

Guide des tops boutiques

この本に参加してくれた女の子たちに、よくお買い物に行くショップを教えてもらいました。文学の香りがするちょっぴり大人のサン・ジェルマン・デ・プレ地区は、治安もよくて、最近おしゃれなお店が増えています。日曜日もオープンしているお店が多いマレ地区は、ティーンたちに人気の週末おでかけエリアです。

サン・ジェルマン・デ・プレ

SAINT GERMAIN DES PRÉS

キロ・ショップ

Kilo shop

Kilo shop
125 Boulevard Saint Germain 75006 Paris
Opening Hours: mon-sat 10:00-21:00,
sun 13:00-21:00
www.kilo-shop.fr

ヴィンテージの洋服やアクセサリーがたくさん揃った、量り売りの古着屋さん。倉庫のような店内で、掘り出し物を見つけたら、はかりの前へ。アイテムについているタグの色で、値段は変わりますが、1キロあたり20ユーロか30ユーロ。重さを量りながら、上手にお買い物を楽しみましょう。

レペット

Repetto

Repetto
51 rue du Four 75006 Paris
Opening Hours: mon-sat 10:00-19:00
www.repetto.com

もともとプロのバレエ・ダンサーたちのための靴アトリエとして生まれた「レペット」。有名振付師ローラン・プティのお母さん、ローズが立ち上げたダンス用品ブランドです。ブリジット・バルドーが愛用したモデル「サンドリヨン」をはじめ、バレエシューズはパリジェンヌたちの永遠のあこがれ。

スール
Sœur

Sœur
88 rue Bonaparte 75006 Paris
Opening Hours: mon-sat 10:00-19:00
www.soeur-online.fr

「スール」とはフランス語で姉妹という意味。パリの有名子ども服ブランド「ボンポワン」「ボントン」でスタイリストとして活躍したドミティーユが、姉妹で立ち上げたブランドです。ブティックはリュクサンブール公園の近く。フレンチ・シックなデザインの洋服やアクセサリーと出会うことができます。

ゼフ・チャオ・ベッラ
Zef Ciao Bella

「ゼフ」はキアラのお母さんマリウが、自分の子どもたちに着せたいモダンなテイストを取り入れた、洋服を作りたいと考えて、スタートさせたブランド。子どもたちの成長にあわせて、ティーンガールのためのコンセプトストアをオープンしました。洋服だけでなく、インテリア雑貨コレクションも素敵です。

Zef Ciao Bella
55 bis rue du Pré aux Clercs 75006 Paris
Opening Hours: mon-sat 10:30-19:00
http://www.zef.eu/

Bensimon《ベンシモン》

ナチュラルでカジュアルなアイテムが揃う、ファッション・ブランド。その中でもテニスシューズは、子どもから大人まで楽しむ、パリの定番アイテムに。シンプルでベーシックな形だけれど、カラーバリエーションが豊富なので、自分らしい色を見つけて。毎年春に発表される新モデルに、ティーンは注目！

Bensimon
54 rue de Seine 75006 Paris
Opening Hours: mon-sat 10:00-19:00
www.bensimon.com

MARAIS《マレ》

Petit Bateau《プチ・バトー》

パリジェンヌたちが赤ちゃんのころから、ずっとお世話になるファッション・ブランド。品質のいいコットンを使ったTシャツをはじめ、素材にこだわった洋服は着心地がいいものばかり。サイズや色の展開が豊富なので、レイヤードファッションにもおすすめ。最近はデザイナーたちとコラボした限定アイテムが人気。

Petit Bateau
36 rue de Sévigné 75003 Paris
Opening Hours: mon-sat 10:00-19:00
www.petit-bateau.fr

バード・オン・ザ・ワイヤー
Bird on the wire

Bird on the wire
2 rue Lesdiguières 75004 Paris
Opening Hours: tue-sat 12:00-19:00
www.botw.fr

おしゃれなティーンガールに、いま話題の小さなセレクトショップ。かわいいアクセサリーをはじめ、ステーショナリーやぬいぐるみ、インテリア雑貨など、店内にはガーリーなデザインが集まっています。ユーモアを感じる雑貨はプレゼントに人気。ガールフレンドへの贈り物探しにくる男の子も多いのだそう。

レ・フルール
Les fleurs

おしゃれなブティックやカフェなどが並ぶシャロンヌ通り。そのまん中あたりにある「レ・フルール」は、フレッシュなクリエーターたちのデザイン雑貨を集めたお店。アクセサリーにバッグ、文房具やキッチン用品まで、ちょっぴりノスタルジックで、かわいいパリ雑貨たちと出会えるカラフルな空間です。

Les fleurs
6 passage Josset 75011 Paris
Opening Hours: mon-sat 12:00-19:30
www.boutiquelesfleurs.com

toute l'équipe du livre

édition PAUMES

Photographe : Hisashi Tokuyoshi

Design : Kei Yamazaki, Megumi Mori

Illustrations : Kei Yamazaki

Textes : Coco Tashima

Coordination : Pauline Ricard-André, Yong Andersson

Conseillère de la rédaction : Fumie Shimoji

Éditeur : Coco Tashima

Responsable commerciale : Rie Sakai

Responsable commerciale Japon : Tomoko Osada

Art direction : Hisashi Tokuyoshi

Contact : info@paumes.com　www.paumes.com

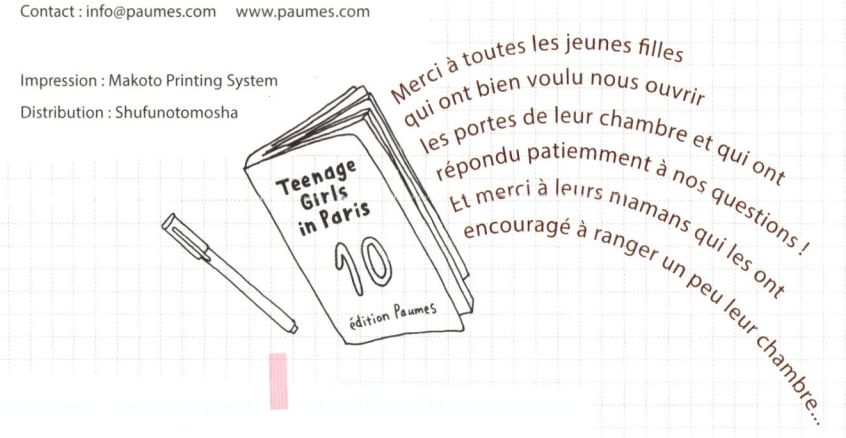

Impression : Makoto Printing System

Distribution : Shufunotomosha

Merci à toutes les jeunes filles
qui ont bien voulu nous ouvrir
les portes de leur chambre et qui ont
répondu patiemment à nos questions !
Et merci à leurs mamans qui les ont
encouragé à ranger un peu leur chambre...

édition PAUMES ジュウ・ドゥ・ポゥム

ジュウ・ドゥ・ポゥムは、フランスをはじめ海外のアーティストたちの日本での活動をプロデュースするエージェントとしてスタートしました。
魅力的なアーティストたちのことを、より広く知ってもらいたいという思いから、クリエーションシリーズ、ガイドシリーズといった数多くの書籍を手がけています。近著には「パリのおうちネコ」「北欧雑貨めぐりヘルシンキガイド」などがあります。ジュウ・ドゥ・ポゥムの詳しい情報は、www.paumes.comをご覧ください。

また、アーティストの作品に直接触れてもらうスペースとして生まれた「ギャラリー・ドゥー・ディマンシュ」は、インテリア雑貨や絵本、アクセサリーなど、アーティストの作品をセレクトしたギャラリーショップ。ギャラリースペースで行われる展示会も、さまざまなアーティストとの出会いの場として好評です。ショップの情報は、www.2dimanche.comをご覧ください。

Teenage Girls in Paris

パリのティーンガール

2014年 3月31日 初版第 1刷発行

著者：ジュウ・ドゥ・ポゥム

発行人：徳吉 久、下地 文恵
発行所：有限会社ジュウ・ドゥ・ポゥム
〒150-0001 東京都渋谷区神宮前3-5-6
編集部 TEL / 03-5413-5541
www.paumes.com

発売元：株式会社 主婦の友社
〒101-8911 東京都千代田区神田駿河台2-9
販売部 TEL / 03-5280-7551

印刷製本：マコト印刷株式会社

ISBN978-4-07-294208-6

＊乱丁本、落丁本はおとりかえします。お買い求めの書店か、
主婦の友社 販売部 03-5280-7551にご連絡下さい。
＊記事内容に関する場合はジュウ・ドゥ・ポゥム 03-5413-5541まで。
＊主婦の友社発売の書籍・ムックのご注文はお近くの書店か、
コールセンター 049-259-1236まで。主婦の友社ホームページ
http://www.shufunotomo.co.jp/ からもお申込できます。